Glauben

108 Zitate

von Amma

Überarbeitete Übersetzung

Glauben – 108 Zitate von Amma

Veröffentlicht von:
　　Mata Amritanandamayi Center
　　P.O. Box 613, San Ramon, CA 94583
　　Vereinigte Staaten

---------- 108 Quotes on Faith (German) ----------

Copyright 2015 © Mata Amritanandamayi Mission Trust, Amritapuri, Indien

Alle Rechte vorbehalten. Kein Teil dieses Buches darf ohne schriftliche Erlaubnis des Herausgebers reproduziert, in einem Datenspeichersystem gespeichert oder auf irgendeine Weise wiedergegeben werden oder in eine andere Sprache übersetzt werden.

International: www.amma.org
　　　　　　　inform@amritapuri.org
In Deutschland: www.amma.de
In der Schweiz: www.amma-schweiz.ch

Im vorliegenden Buch möchten wir so nahe wie möglich an den ursprünglichen spirituellen Lehren bleiben. Dafür wird, sofern möglich, eine sprachlich etablierte geschlechtsneutrale Formulierung genutzt. Wo dies nicht der Fall ist, wird zur besseren Verständlichkeit das generische Maskulinum verwendet. Auch in diesem Fall sind jedoch Personen mit allen, inkl. non-binären, Geschlechtsidentitäten immer ausdrücklich mitgemeint und angesprochen.

1

Die universelle Kraft liegt in dir, auch wenn dir das vielleicht noch nicht bewusst ist. Diese höchste Wahrheit kann nur durch Glaube und Meditation erreicht werden.

2

Spiritualität hat nichts mit blindem Glauben zu tun. Es ist Achtsamkeit, welche die Dunkelheit vertreibt. Viele spirituelle Meister haben ausgiebig dazu geforscht, sogar mehr als manche der heutigen Wissenschaftler. Wissenschaft beschäftigt sich mit der äußeren Welt, Spiritualität hingegen beschäftigt sich mit der inneren Welt.

3

Wir vergessen oft, dass sich durch tiefen Glauben und unschuldige Liebe ganz leicht Ebenen erreichen lassen, die für Intellekt und Logik unerreichbar sind. So entspringen die bahnbrechenden Entdeckungen vieler berühmter Wissenschaftler oft einer Unvoreingenommenheit. Ein Kind bestaunt alles mit weit offenen Augen. Genauso staunend betrachtet ein echter Wissenschaftler das Universum, um dessen tiefste Geheimnisse zu erforschen.

4

Alles beruht auf Glaube. Es sind vor allem Glaube und Hingabe der Menschen - und nicht Rituale oder Zeremonien - die Gotteshäuser mit spiritueller Energie erfüllen. Die Tiefe deines Glaubens macht jedes Gewässer so heilig, wie den Fluss Ganges - doch ohne diesen Glauben ist der Ganges nur ganz gewöhnliches Wasser.

5

Wir sind oft versucht, das Leben ausschließlich mit intellektuellem Denken und mit Logik zu erfassen und einzuordnen. Mit dieser Haltung lassen sich jedoch weder wirkliches Wissen noch echte Erfahrung gewinnen. Wir sollten lernen, uns mit Liebe und Vertrauen auf die Erfahrungen des Lebens einzulassen. Das Leben wird uns dann alle seine Geheimnisse offenbaren.

6

Wer an die Gesetze von Karma (Aktion und Reaktion) glaubt, sieht überall die unsichtbare Hand Gottes. Alles Sichtbare hat seinen Ursprung in Gottes unsichtbarer Kraft.

7

Für sichtbare Tatsachen braucht man keinen Glauben. Da Erde, Pflanzen, Bäume, Flüsse und Berge erwiesenermaßen existieren, braucht es dafür keinen Glauben. Glaube ist gefragt, wenn rationale Überlegungen versagen. Da Gott nicht sichtbar ist, hängt dein Vertrauen in eine göttliche Existenz ganz von deinem Glauben ab.

8

Genauso wie ihr den Worten von Wissenschaftlern vertraut, die über uns unbekannte Tatsachen berichten, solltet ihr auch den Worten großer Meister glauben, die über die höchste Wahrheit sprechen, denn sie sind in diesem Wissen verankert.

9

Die heiligen Schriften und die großen Meister erinnern uns daran, dass das höchste Selbst oder Gott unser wahres Wesen ist. Gott ist von uns nicht getrennt, er ist in uns und unsere wahre Natur. Um diese Wahrheit anzunehmen brauchen wir Glaube.

10

Gott ist nicht auf ein Gotteshaus oder einen bestimmten Ort beschränkt. Das Göttliche ist allgegenwärtig, allmächtig und kann sich in jeder Form ausdrücken. Versuche in allem deine geliebte Gottheit zu sehen.

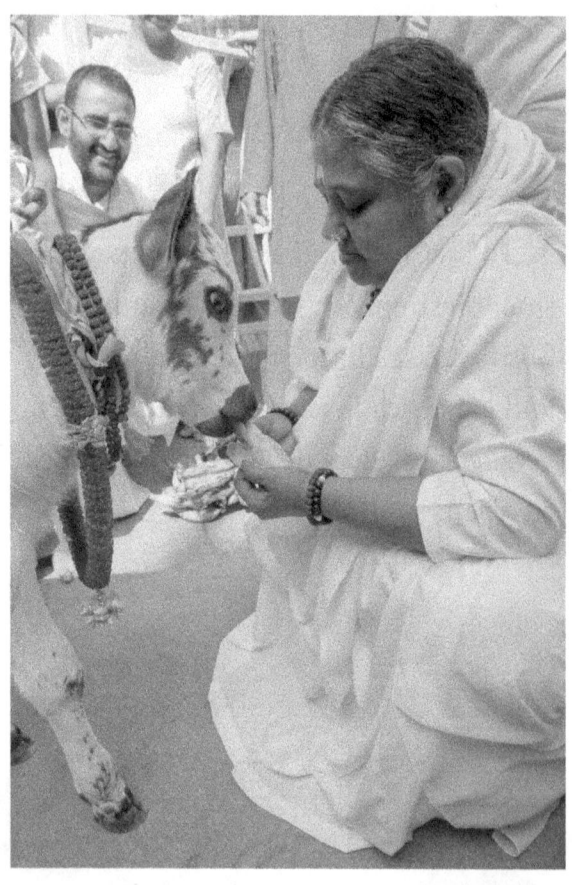

11

Gott ist kein begrenztes Individuum, das einsam auf einem goldenen Thron in den Wolken sitzt. Gott ist reines, allem innewohnendes Bewusstsein. Wenn du diese Wahrheit begreifst, wirst du jeden gleichermaßen annehmen und lieben können.

12

Spiritualität beruht nicht auf blindem Glauben. Sie ist vielmehr ein ernsthaftes Erkunden, ein intensives Erforschen des eigenen Selbst. Der Glaube an eine höhere Kraft hilft uns, unseren Mind[1] und unsere Gedanken zu steuern. Obwohl Fortschritte dabei manchmal nur langsam und schrittweise sind, bemühe dich weiter voller Vertrauen, Enthusiasmus und Geduld.

---

[1] Mind: = der Fluss, all unserer Gedanken, Gefühle, Konzepte, innewohnenden Neigungen und Überzeugungen und Angewohnheiten, der mit dem Pendel einer Uhr verglichen werden kann. Wie das Pendel einer Uhr schwingt der Mind ununterbrochen von Glück zu Leid und wieder zurück.

13

Zweifeln wird erlernt, wohingegen Glauben uns angeboren ist. Zweifel sind dein größter Feind, glauben und vertrauen deine besten Freunde. Erwecke und lerne zu glauben, dann wirst du die positiven Ergebnisse erfahren.

14

Schönheit liegt im Glauben und Glaube kommt aus dem Herzen. So notwendig Intellekt und Verstand auch sind, wir dürfen nicht zulassen, dass unser Glaube gänzlich davon eingenommen wird. Der Intellekt darf das Herz nicht übernehmen.

15

Was wir brauchen ist ein Glaube an eine höchste Kraft. Ein Kraft, die über Mind und Sinneswahrnehmungen hinaus das gesamte Universum und damit auch den Intellekt lenkt. Wir sollten die Quelle dieser Kraft erforschen, die in uns selbst gegenwärtig ist. Glaube an diese kosmische Kraft und Meditation über diese höchste Kraft wird uns helfen, die Weisheit des höchsten Selbst, Eins-Sein, Frieden und Stille zu erreichen.

16

Wenn du aufhören möchtest zu leiden, bete darum, keine Wünsche mehr zu haben. Bete darum, dass dein Glaube und deine Liebe zu Gott wachsen und stärker werden. Wenn dir das gelingt, wird das Göttliche alle deine Bedürfnisse erfüllen.

17

Gott ist immer bei dir und wird ganz sicher erscheinen, wenn du aus tiefer Sehnsucht nach ihm rufst. Wer die aufrichtige Haltung hat von „Du allein bist meine Zuflucht. Es gibt sonst niemanden, der mich retten kann," um den wird Gott sich kümmern.

18

Manche Leute behaupten: ‚Gott ist nur eine Sache des Glaubens', doch in Wirklichkeit wohnt das Göttliche im Herzen eines jeden Menschen. Gott hat keine anderen Körper, Hände, Beine oder Augen als unsere eigenen. Gott wirkt als kosmische Kraft in jedem von uns.

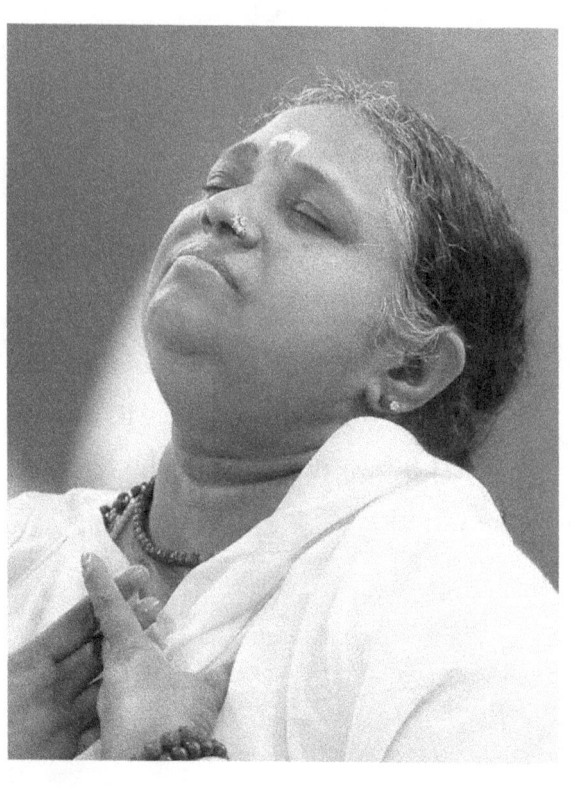

19

Es kommt eigentlich nicht darauf an, ob du gläubig oder nicht gläubig oder skeptisch demgegenüber bist. Du kannst auch ohne an Gott zu glauben ein glückliches und erfolgreiches Leben führen, solange du an das Selbst in dir glaubst und der Gesellschaft dienst.

20

Wirklicher Glaube bedeutet an das eigene Selbst zu glauben. Auch wenn wir glauben, Gott befinde sich außerhalb von uns, ist er in Wirklichkeit in uns selbst. Er ist unser eigenes wahres Selbst.

21

Glaube an dein eigenes Selbst. Versuche zu verstehen, wer du und dein wahres Selbst sind. Das genügt. Wenn du nicht an dein eigenes Selbst glaubst, ist es schwierig dich weiterzuentwickeln, selbst wenn du an Gott glaubst.

22

Glauben und Selbstvertrauen sind voneinander abhängig. Der Glaube an Gott soll den Glauben an dein Selbst stärken, d. h. das Vertrauen in dein eigenes wahres Selbst; das bedeutet wahres Selbstvertrauen. Wenn dir das fehlt, kannst du im Leben keinen Erfolg haben.

23

Denkt immer daran: Wenn die Abenddämmerung Dunkelheit bringt, trägt sie die Morgendämmerung bereits in sich. Die Dunkelheit kann nicht lange andauern. In absehbarer Zeit wird der Morgen anbrechen und Licht mit sich bringen. Optimismus ist das Licht Gottes. Es ist eine Form von Gnade, die es ermöglicht, das Leben mit größerer Klarheit zu sehen.

24

So wie die Sonne nicht das Licht einer Kerze braucht, braucht auch Gott nichts von uns. Unsere Bestimmung liegt darin, Gottes Licht in die Welt zu tragen, um Dunkelheit in ihr zu vertreiben. Das ist das göttliche Prinzip.

25

Selbstvertrauen verleiht uns Ausgeglichenheit, Mut und Kontrolle über unseren Mind. Es versetzt uns in die Lage, den Problemen unseres Lebens mutig zu begegnen. Manche Probleme sind unausweichlich und unvermeidlich. Der Glaube an dich selbst hilft dir, dich ihnen zu stellen und sie zu überwinden.

26

Frauen sollten niemals glauben, sie seien weniger wert als Männer. Es sind Frauen, die allen Männern in dieser Welt das Leben geschenkt haben. Seid stolz auf diese einzigartige Gabe und geht mit dem Glauben an diese innere Kraft mutig durchs Leben.

27

Wir sind keine Kerzen, die von jemandem angezündet werden müssen. Wir sind die, aus uns selbst heraus strahlende Sonne. Wir sind die Verkörperung des höchsten Bewusstseins und sollten zu dieser Wahrheit erwachen. Wir sind Liebe.

28

Wenn Menschen den Glauben an Gott verlieren, gibt es in der Gesellschaft weder Harmonie noch Frieden. Die Menschen handeln und leben dann so, wie es ihnen gerade einfällt. Ohne Glaube werden Moral und Ethik von dieser Welt verschwinden. Ohne Glaube, Liebe, Geduld und Vergebung wäre das Leben wie eine Hölle.

29

Wir haben das Potenzial das zu werden, zu dem wir uns entscheiden. Wir können eine gute Seele werden, die im Denken und Handeln für andere nur Gutes möchte. Wir können aber auch zum Inbegriff des Bösen werden. Die Freiheit dieser Wahl ist der größte Segen des menschlichen Daseins. Um diesen Segen in seinem ganzen Potenzial zu erfahren, sollten wir die Unschuld und den Glauben eines Kindes haben.

30

Ganz egal welcher Religion auch immer wir angehören, solange wir die spirituellen Prinzipien verstehen, können wir das endgültige Ziel erreichen: die Verwirklichung unserer eigenen wahren Natur.

31

Es ist sehr wichtig, dass wir die Gefühle und den Glauben von Menschen aller Religionen respektieren. Der Glaube an die unermessliche Kraft des inneren Selbst führt zur wahren Einheit der Menschen und zur Einheit von Mensch und Natur.

32

Der eigentliche Sinn von Religion liegt im Glauben an die Existenz einer höheren Macht und in der Ausrichtung des Lebens auf spirituelle Werte.

33

So wie es keinen Unterschied zwischen Schöpfer und Schöpfung gibt, so gibt es auch keinen Unterschied zwischen Meer und Welle. Alles ist von demselben Bewusstsein erfüllt. Wir sollten unseren Kindern durch eine spirituelle Erziehung Glauben und Liebe für die gesamte Schöpfung vermitteln.

34

Es ist kein Nachteil, dass es viele Religionen und Glaubensformen gibt. Es ist jedoch schädlich zu meinen, sie seien gegensätzlich und der eine Glaube stehe höher als der andere. Kinder, betrachtet nicht die Unterschiede, sondern erkennt das Gemeinsame und die großartigen Ideale, die sie alle lehren.

35

Liebe und Mitgefühl sind die Grundprinzipien aller wahren Religionen. Diese göttlichen Eigenschaften sind die eigentliche Essenz jeden Glaubens.

36

Liebe und Vertrauen sind die Eckpfeiler des Lebens. Erst wenn wir für andere Menschen voller Liebe und Vertrauen da sind, können auch wir selbst glücklich und in Frieden leben.

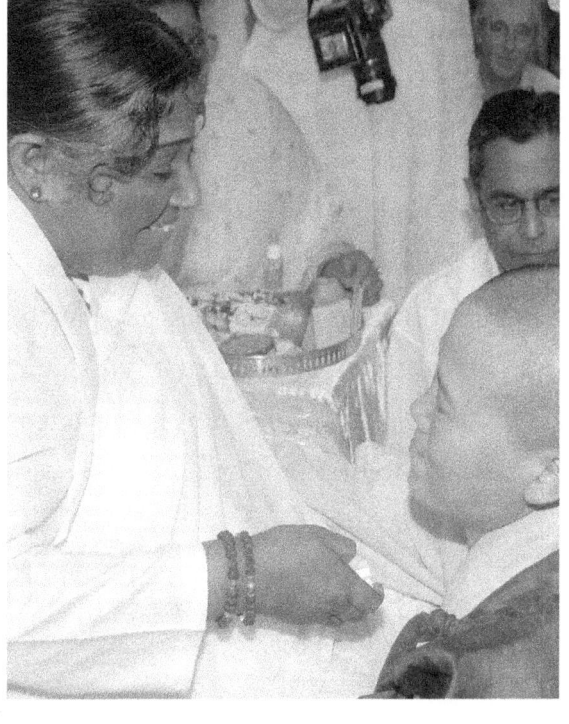

37

Beim Bauen mit Beton werden zur Verstärkung Stahlstäbe genutzt, da sonst das Gebäude einstürzen würde. Der Glaube an Gott lässt sich mit diesen Stahlstäben vergleichen. Der Glaube stärkt unseren Mind. Der Glaube bewahrt uns davor, Illusionen weder nachzuweinen, noch werden wir deswegen verrückt.

38

Der Intellekt ist wie eine Schere: Er teilt und reduziert, lehnt alles ab und akzeptiert nichts. Das Herz dagegen ist wie eine Nadel: Es verbindet alles und macht aus scheinbar getrennten Dingen eins. Wenn wir tief genug in uns eintauchen, finden wir den Faden universeller Liebe, der alle Wesen miteinander verbindet. Es ist die Liebe, die alles in diesem Universum miteinander verbindet.

39

Wenn du wahren Glauben hast, dann wirst du automatisch in das Herz fallen. In das Herz zu fallen bedeutet eigentlich, sich zu erheben und hoch aufzusteigen.

40

Vertrauen und Liebe sind nicht zwei. Sie bedingen sich gegenseitig. Ohne Vertrauen können wir nicht lieben und umgekehrt genauso. Wenn wir einer Person vertrauen und sie lieben, freuen wir uns bereits, wenn wir nur an sie denken. Könnte sie uns denn erfreuen, wenn wir ihr kein Vertrauen schenken würden? Die liebende Person öffnet ihr Herz für die geliebte Person, weil sie ihr vertraut. Auf diesem Vertrauen beruht die Liebe – und die Liebe wiederum entspringt diesem Vertrauen.

41

Alles Leben beruht auf Vertrauen und Glauben. Für jeden unserer Schritte brauchen wir Vertrauen. Der Glaube erschafft eine Strömung, die das gesamte Universum erfasst.

42

Liebe ist das universelle Heilmittel. Wenn es gegenseitige Liebe, Aufmerksamkeit und Vertrauen ineinander gibt, werden unsere Probleme und Sorgen verschwinden.

43

Konzentriere dich auf Liebe, gegenseitiges Vertrauen und Glaube. Mit Liebe und Vertrauen wirst du automatisch achtsam handeln.

44

Wirkliches Zuhören ist möglich, wenn du innerlich leer und frei bist. Mit der Einstellung: ‚Ich bin ein Anfänger, ich weiß nichts', kannst du voller Vertrauen und Liebe zuhören.

45

Wir müssen den Glauben haben, dass Gott immer bei uns ist. Dieses Bewusstsein verleiht uns die erforderliche Energie und die Motivation, jedes Hindernis im Leben zu überwinden. Diesen Optimismus sollten wir nie verlieren.

46

Kinder, manche Leute behaupten, dass es gläubige Menschen gibt, die ein unglückliches Leben führen. Gläubige Menschen, die wirklichen Glauben haben, sind jedoch in jeder Situation glücklich und zufrieden. Ein echter spiritueller Schüler zeichnet sich durch ein Lächeln der Akzeptanz aus.

47

Ohne Glauben sind wir voller Angst. Angst lähmt Körper und Mind und blockiert uns. Glauben und Vertrauen hingegen öffnen unser Herz für die Liebe.

48

Sobald du die Vergänglichkeit der Welt und die Hilflosigkeit des Egos erkennst, erwacht das Vertrauen in die Spiritualität. Das Licht der Gnade des Gurus hilft uns, Hindernisse auf unserem Weg zu erkennen und zu beseitigen.

49

Kinder, das Bewusstsein, dass wir jeden Moment sterben können, hilft uns, unseren wahren Glauben und unsere Hinwendung zu Gott zu vertiefen. Werden wir uns nicht der Großartigkeit des Lichtes bewusst, weil es die Dunkelheit gibt?

50

Warum verlässt du dich auf deinen Mind? Der Mind ist wie ein Affe, der von Ast zu Ast und von einem Gedanken zum anderen springt. Das macht er unablässig bis zum letzten Moment der Existenz. Vertraue stattdessen einem Guru, dann findest du ganz sicher Frieden.

51

Es ist für Gott oder einen großen Heiligen ohne Bedeutung, ob die Menschen an ihn glauben oder nicht. Er braucht weder unseren Glauben noch unsere Dienste. Wir dagegen bedürfen seiner Gnade. Diese Gnade strömt uns nur im Glauben zu.

52

Der Meister ist allein dazu da, seine Schüler zu inspirieren und Liebe und Glauben in ihnen zu wecken, damit sie ihr Ziel erreichen können. Es ist die dringlichste und wichtigste Aufgabe des Meisters, das Feuer der Liebe zu Gott zu entfachen.

53

Amma sagt nicht, dass ihr an sie oder an Gott glauben müsst. Es genügt, wenn ihr an euch selbst glaubt. Ihr habt alles in euch.

54

Wenn du einen Mahatma (eine heilige Person) als Meister annimmst, vertraue dich ihr mit der Unschuld und Hingabe eines Kindes an. Du wirst von einem Satguru (ein wahrer Lehrmeister) alles Notwendige erhalten. Jedes weitere Suchen erübrigt sich.

55

Glauben ist kein intellektueller Prozess. Den Meister kann man nicht mit dem Mind oder Intellekt begreifen, sondern allein durch Glauben.

56

Es ist sehr wichtig, die Worte und Anweisungen des Meisters zu befolgen. Er ist der alldurchdringende Parabrahman (das Absolute Selbst) in menschlicher Gestalt; er ist dein wahres Selbst und die Essenz, aus der die gesamte Schöpfung besteht. An den Meister zu glauben heißt, an dein eigenes Selbst zu glauben.

57

Kinder, Spiritualität lässt sich mit einem einzigen Wort ausdrücken: Shraddha. Unter Shraddha versteht man bedingungsloses Vertrauen der Schüler in die Worte des Meisters und in die heiligen Schriften.

58

Wenn man an den spirituellen Meister glaubt, alles was er sagt befolgt und nach spirituellen Grundsätzen lebt, lassen sich Vasanas (negative Gewohnheiten und Neigungen) schnell ablegen.

59

Es gibt zahllose Beispiele von Menschen, die voller Vertrauen ihr Mantra rezitiert und nach Ammas Anweisungen Einschränkungen auf sich genommen haben. Daraufhin machten sie die Erfahrung, dass ihre Schmerzen gelindert wurden und das, in ihren Horoskopen vorausgesagte Unglück abgewendet wurde.

60

Selbst wenn ein Patient die beste Ärztin aufsucht, kann die Behandlung erfolglos bleiben, wenn er ihr nicht vertraut. Dementsprechend sollten auch wir unserem spirituellen Meister vertrauen, dann kann Heilung geschehen.

61

Es genügt nicht, der Ärztin einfach nur zu vertrauen. Wir müssen auch die Medikamente einnehmen, um gesund zu werden. In gleicher Weise kannst du dich spirituell nicht weiter entwickeln, wenn du dich nur zurücklehnst und behauptest: ‚Mein Glaube wird mich heilen'. Um weiter zu kommen, braucht es sowohl Glaube als auch unermüdliche Bemühungen.

62

Der Meister wird dir beistehen und in allen Schwierigkeiten und Lebenskrisen den Weg zeigen. Auch wenn der Meister dich führt, solltest du nicht untätig herumsitzen. Er erwartet deinerseits auch beharrlichen Einsatz.

63

Sowohl Glaube als auch Bemühen sind erforderlich. Wenn du einen Samen pflanzst, beginnt er vielleicht zu keimen - soll er aber richtig wachsen, braucht er Wasser und Dünger. Der Glaube mag uns unsere wahre Natur bewusst machen, um sie aber unmittelbar zu erfahren, müssen wir uns sehr ernsthaft bemühen.

64

Wir müssen einsehen wie begrenzt all unser Tun und Handeln ist und welche Bedeutung die Gnade Gottes in unserem Leben hat. Glaubt an diese göttliche Macht, meine Kinder, und betet um göttliche Gnade.

65

Wenn du tief gläubig bist, kannst du erkennen, dass alles vom höchsten Bewusstsein durchdrungen ist. Wahrer Glauben bedeutet Befreiung. Wenn du so weit kommst, lösen sich alle Zweifel auf. Der Meister begleitet dich, damit du diesen endgültigen Zustand erreichst.

66

Einem wirklich gläubigen Menschen kann nichts etwas anhaben. Der Glaube verleiht uns unermessliche Stärke. Alle Hindernisse im Leben, ob von Menschen oder von der Natur verursacht, werden zerbröckeln, wenn sie auf unseren unerschütterlich festen Glauben stoßen.

67

Für einen wahrhaft Suchenden ist Spiritualität nichts Nebensächliches, sondern so wesentlich wie der eigene Atem. Sein Glaube ist unerschütterlich.

68

Dein Glaube bewirkt, dass unaufhörlich der Strom der Gnade des Satgurus in dich fließt. Amma ist mehr als dieser Körper, sie ist allgegenwärtig und alldurchdringend. Glaube daran, dass Ammas Selbst und dein Selbst eins sind.

69

Wenn du Glauben an einen spirituellen Meister entwickelt hast, dann lass ihn durch nichts mehr erschüttern. Dein Glaube sollte felsenfest und beständig sein. Nur im vollkommenen Glauben an deinen Meister kannst du deine mentalen Verunreinigungen zu überwinden.

70

Nichts kann den Glauben eines wahrhaft Suchenden erschüttern. Er glaubt unerschütterlich an seinen Meister sowie an die Möglichkeit auf der höchsten Stufe des Bewusstseins Gott zu erfahren.

71

Wenn du unbeirrbar daran glaubst, dass jede Begebenheit, sei sie negativ oder positiv, eine Botschaft Gottes ist, brauchst du keinen äußeren Meister. Die meisten Menschen verfügen aber nicht über eine solche Stärke und Festigkeit im Glauben.

72

Vertraue fest darauf, dass niemand deinen Glauben schwächen kann. Wenn jemand versucht deinen Glauben zu erschüttern, sieh es als Prüfung Gottes an und gehe unbeirrt weiter.

73

Der Versuch, verlorenes Vertrauen zurück zu gewinnen, gleicht dem Bemühen, auf einem kahlen Kopf Haare wachsen zu lassen. Verlorenes Vertrauen lässt sich nur schwer wiedergewinnen. Sieh dir eine Person sehr genau an, bevor du sie als Meister auswählst.

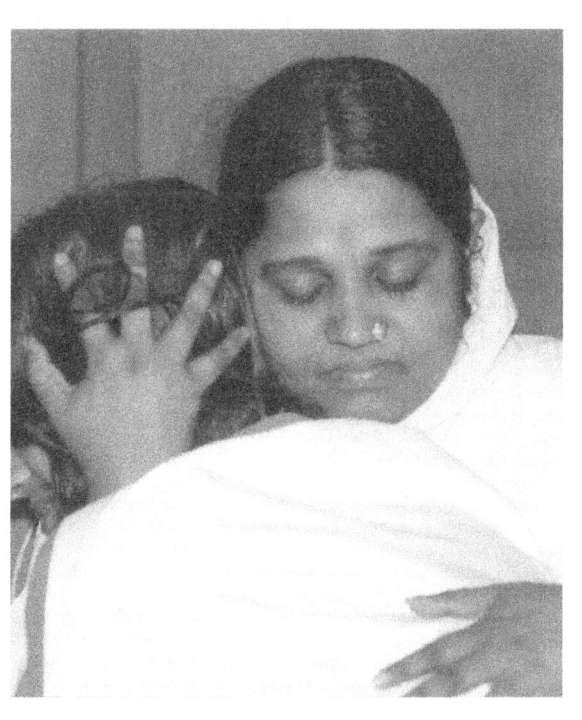

74

Wenn du zu Amma in unschuldigem Vertrauen betest, wird sie dir auf jeden Fall beistehen. Sie ist immer für dich da. Wenn du hinfällst, hilft sie dir wieder auf.

75

Versuche wie ein Kind zu sein, voller Vertrauen und Geduld. Unser Glauben sollte voller Unschuld wie der eines Kindes sein, damit wir das letztendliche Ziel erreichen können.

76

Mit dem Älterwerden verlieren wir unseren Enthusiasmus und unsere Freude und werden teilnahmslos und unglücklich. Warum? Weil wir unseren Glauben und unsere kindliche Unschuld verlieren. In jedem von uns schlummern aber die Freude, die Unschuld und das Vertrauen eines Kindes. Entdeckt sie wieder.

77

Spiele wie ein Kind und lasse diese Unschuld wieder in dir wach werden. Verbringe Zeit mit Kindern. Sie lehren dich zu vertrauen, zu lachen und zu spielen. Kinder helfen dir, die Welt mit staunenden Augen zu betrachten und herzhaft zu Lachen. Göttliche Liebe macht dich unschuldig wie ein Kind.

78

Mit dem Glauben und Vertrauen eines Kindes ist alles möglich. Deine Unschuld und dein reines Herz werden dich beschützen.

79

Aufgrund deiner Samskaras (Neigungen in vergangenen Leben) kommst du in deiner spirituellen Entwicklung vielleicht nur langsam voran. Es ist ein langsamer Prozess, der Glaube und Vertrauen braucht.

80

Die spirituelle Energie, die du mit deinem Sadhana (spirituelle Praxis) erworben hast, bleibt dir erhalten.

Bewahre dir deinen Glauben und Enthusiasmus. Weder dein Bemühen noch die Früchte deines Handelns gehen verloren. Gib niemals die Hoffnung auf.

81

Geduld, Enthusiasmus und Optimismus sollten zum Mantra unseres Lebens werden. Es lässt sich überall beobachten, dass Menschen mit Glaube Erfolg haben. Menschen, denen es an Glaube mangelt, verlieren ihre Kraft.

82

Wer an das Höchste glaubt, wird auch in Krisenzeiten von Gott gehalten. Dieser Glaube verleiht uns Stärke und Ausgeglichenheit, so dass wir jeder herausfordernden Situation gewachsen sind.

83

Wenn du wirklich an Gott glaubst, meditierst, dein Mantra rezitierst und betest, gewinnst du genügend Stärke, um dich ohne zu zögern jeder Situation zu stellen. Du wirst selbst unter schwierigen Umständen mit Achtsamkeit handeln können.

84

Vertrauen in Gott verleiht dir die mentale Stärke, dich allen Problemen des Lebens zu stellen. Dein Glaube an die Existenz Gottes schützt dich, schenkt dir ein Gefühl von Sicherheit und bewahrt dich vor allen negativen Einflüssen der Welt.

85

Bei dem Versuch vor deinem Schatten wegzulaufen, wirst du nur vor Erschöpfung zusammenbrechen. Begegne stattdessen den Herausforderungen des Lebens mit Liebe und Vertrauen. Mach dir bewusst, dass du niemals allein bist auf dieser Reise. Die göttliche Mutter ist immer bei dir. Erlaube ihr, deine Hand zu halten.

86

Ein echter Sadhak (spirituell Suchender) vertraut der Gegenwart mehr als der Zukunft. Wenn wir an den gegenwärtigen Augenblick glauben, ist unsere Energie vollkommen auf das Hier und Jetzt konzentriert. Gib dich dem gegenwärtigen Moment hin.

87

Die Vergangenheit ist wie eine Wunde. Wenn du an ihr kratzt, indem du in Erinnerungen wühlst, kann sie sich entzünden und größer werden. Lass sie einfach heilen. Heilung geschieht im Glauben und in der Liebe Gottes.

88

Wir sollten Vertrauen in uns selbst entwickeln, statt Zuflucht bei anderen zu suchen. Nur so finden wir wirklichen Trost und anhaltende Zufriedenheit.

89

Menschen und Dinge, an denen du hängst, wirst du eines Tages verlieren. Jedes Mal, wenn du etwas oder jemanden verlierst, kann es sein, dass es dich quält und dir Angst macht. Das geschieht so lange, bis du dich ganz Gott überlässt und Glauben an die ewige Natur deines wahren Selbst entwickelst.

90

Allein der Gnade und Kraft Gottes ist es zu verdanken, dass du dich bewegen und handeln kannst. Sei überzeugt, dass Gott dein einzig wahrer Freund und Verwandter ist. Wenn du dich Gott überlässt, wird er dich sicher führen. Im Glauben und Vertrauen auf das Göttliche wirst du nicht straucheln.

91

All unsere Probleme entstehen, weil wir in unserem Selbst nicht gefestigt sind. Bewusstheit ist die ewige Quelle der Kraft. Unsere kleine Welt sollte so weit werden, bis sie zum ganzen Universum wird. Wenn sie sich ausdehnt, können wir beobachten, wie sich unsere Probleme allmählich auflösen.

92

Deine intensivste Beziehung sollte die Verbindung mit der Göttlichen Mutter sein. Wenn du ihr alle deine Sorgen erzählst, bringt dich das ihr näher. Wenn ein unschuldiges Herz nach ihr ruft, kann sie nicht still und unbewegt bleiben. Glaube und Hingabe befreien dich von allen Sorgen.

93

Jeder von uns trägt aufgrund früherer Erlebnisse ein Päckchen an Leid und Sorgen mit sich herum. Wenn wir Liebe, Mitgefühl und Verehrung für Gott entwickeln, wird das alle diese Wunden heilen.

94

Mitgefühl vertieft unseren Glauben und unser Bewusstsein, dass Gott allgegenwärtig ist. Wer kein Mitgefühl hat und sich nicht um das Wohlergehen anderer Menschen kümmert, dem fehlt auch der wahre Glaube.

95

Empfindsame Offenheit gibt uns die Kraft zum Glauben und Vertrauen und macht uns empfänglich für Liebe. Diese Kraft bewahrt unseren Mind vor Zweifeln.

96

Genau wie jede andere Entscheidung ist auch Glücklichsein eine Entscheidung. Fasse den festen Entschluss: ‚Ich bin glücklich, egal was passiert. Ich weiß, dass Gott immer bei mir ist, darum kann ich mutig sein.' Gehe deinen Weg weiter, ohne dein Selbstvertrauen zu verlieren.

97

Mein Kind, verliere nie den Mut. Verliere nie den Glauben an Gott oder in das Leben. Sei immer optimistisch, egal in welcher Situation du dich befindest. Alles lässt sich mit Glaube und Mut bewältigen.

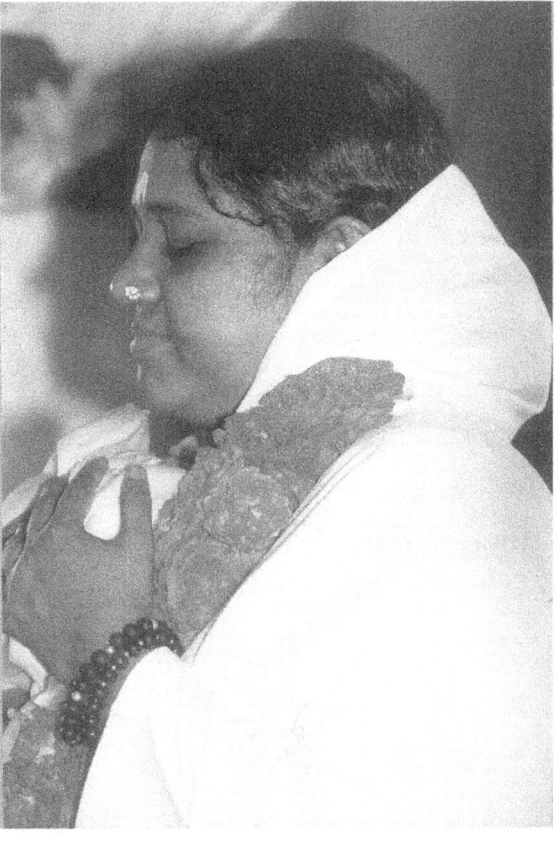

98

Sei erfüllt mit Freundlichkeit wie eine mit Nektar gefüllte Blume. Wenn du dich öffnest, wirst du spüren, dass die Sonne scheint und beim Wehen des Windes der süße Duft des Göttlichen zu dir getragen wird - ganz von selbst. Lasse die Tür deines Herzens einfach offen; sie war nie verschlossen.

99

Die Bildung und die Grenzen, die einem in der Jugend vermittelt werden, prägen Mind und Charakter. Eltern sollten sich nicht nur um Ernährung und Erfüllung der Wünsche der Kinder kümmern. Sie sollten ihnen auch beibringen, Regeln und Grenzen zu wahren und ihnen Kultur und Glauben vermitteln.

100

Wenn du wirklich an Gott glaubst, wirst du der Natur keinen Schaden zufügen. Denn wahrer Glaube offenbart uns, dass die Natur göttlich und nicht von unserem eigenen Selbst getrennt ist.

101

Bewege dich voller Glaube durchs Leben.
Wer bedingungslos glaubt und vertraut,
wird nie vom Weg abkommen.

102

Ein gläubiger Mensch ist unerschütterlich. Wer wirklich religiös ist, findet Frieden. Die Quelle dieses Friedens ist das Herz, nicht der Kopf. Glaube, der durch Erzählen, Zuhören und Lesen erworben wurde, hält nicht lange an, wohingegen der durch Erfahrungen erworbene Glauben für immer bestehen bleibt.

103

Wo Liebe ist, gibt es keine Anstrengung. Mach dich frei vom Bedauern über Vergangenes und entspanne dich. Entspannung verhilft dir zu mehr Stärke und Vitalität. Durch Entspannung bekommst du eine Ahnung von deiner wahren Natur, der unerschöpflichen Quelle deiner Existenz. Sie ist die Kunst den Mind zur Ruhe kommen zu lassen. Sobald du damit vertraut bist, geschieht alles spontan und ohne Anstrengung.

104

All unser Handeln hat Konsequenzen. Welche Konsequenzen das sind, wird die Zukunft zeigen. Aber mach dir deswegen keine Sorgen über die Zukunft. Warte geduldig, lebe in der Gegenwart und handle konzentriert und mit Liebe. Alles wird gelingen, wenn du ganz im Hier und Jetzt handelst. Was du sorgfältig und mit dem Herzen tust, wird gute Konsequenzen haben. Wenn du dir aber den Kopf zerbrichst, was dabei herauskommen könnte, hast du nicht mehr die nötige Energie, um das gewünschte Ergebnis zu erreichen.

105

Wenn du das Leben und alles, was es mit sich bringt, als kostbares Geschenk betrachtest, kannst du zu allem ‚Ja' sagen. Dieses ‚Ja' bedeutet Akzeptanz. Wenn du alles akzeptierst, wird dich der Fluss des Lebens immer tragen. Liebe fließt einfach. Wer den Sprung wagt und darin eintaucht, wird so angenommen wie er oder sie ist.

106

Habt Vertrauen, meine Kinder. Ihr braucht keine Angst zu haben. Seid euch bewusst, dass Amma immer bei euch ist.

107

Entschlossenheit und unerschütterlicher Glaube sind die beiden Voraussetzungen, in allem erfolgreich zu sein. Glaube ganz fest an Gott. Glaube kann Wunder bewirken.

108

Entzünde in dir die Lampe von Liebe und Glauben und gehe weiter auf deinem Weg. Wenn dich bei jedem Schritt gute Gedanken und ein Lächeln begleiten, kommt alles Gute zu dir und erfüllt dich. Dann ist Gott mit dir. Die Göttliche Mutter umarmt dich.

www.ingramcontent.com/pod-product-compliance
Lightning Source LLC
Chambersburg PA
CBHW061954070426
42450CB00011BA/3035